ትምህርት ቤት - škola 2
ጉዞ - putešestvie 5
መጓጓዣ - transport 8
ከተማ - gorod 10
መልከዓምድር - landšaft 14
ምግብ ቤት - restoran 17
የሸቀጣ ሸቀጥ መደብር - supermarket 20
መጠጦች - napitki 22
ምግብ - eda 23
እርሻ - ferma 27
ቤት - dom 31
ሳሎን - gostinaâ 33
ማድቤት - kuhnâ 35
መታጠቢያ ቤት - vannaâ komnata 38
የልጅ ክፍል - detskaâ komnata 42
አልባሳት - odežda 44
ቢሮ - ofis 49
ኢኮኖሚ - èkonomika 51
የስራ ሙያዎች - professii 53
መሳሪያዎች - instrumenty 56
የሙዚቃ መሳሪያዎች - muzykal'nye instrumenty 57
የደር እንስሳት ማቆያ - zoopark 59
የስፖርት አይነቶች - sport 62
እንቅስቃሴዎች - dejstviâ 63
ቤተሰብ - sem'â 67
አካል - telo 68
ሆስፒታል - bol'nica 72
ድንገተኛ - neotložnyj slučaj 76
ምድር - zemlâ 77
ሰዓት - časy 79
ሳምንት - nedelâ 80
ዓመት - god 81
ቅርፆች - formy 83
ቀለማት - cveta 84
ተቃራኒዎች - protivopoložnosti 85
ቁጥሮች - cyfry 88
ቋንቋዎች - âzyki 90
ማን/ ምን/ እንዴት - kto / čto / kak 91
የት - gde 92

Impressum
Verlag: BABADADA GmbH, Nedderfeld 112 , 22529 Hamburg
Geschäftsführer / Verlagsleitung: Harald Hof
Druck: Books on Demand GmbH, In de Tarpen 42, 22848 Norderstedt

Imprint
Publisher: BABADADA GmbH, Nedderfeld 112 , 22529 Hamburg, Germany
Managing Director / Publishing direction: Harald Hof
Print: Books on Demand GmbH, In de Tarpen 42, 22848 Norderstedt, Germany

1

ትምህርት ቤት
škola

- ካፈል — delit'
- ሰሌዳ — doska
- መ ሪያ ክፍል — klassnaâ komnata
- የትምህርት ቤት ቅጥር ግቢ. — škoľnyj dvor
- መምህር — učiteľ
- ወረቀት — bumaga
- መፃፍ — pisať
- እስክሪብቶ — ručka
- መፃፊያ ጠረጴዛ — pis'mennyj stol
- ስመሪያ — linejka
- መጽሐፍ — kniga
- ተ ሪ — učenik

የጀርባ ቦርሳ
ranec

የእርሳስ መያዣ
penal

እርሳስ
karandaš

የእርሳስ መቅረጫ
točilka

ላጲስ
lastik

የስዕል ደብተር
al'bom dlâ risovaniâ

ስዕል
risunok

የቀለም ብሩሽ
kistočka

የቀለም ሳጥን
korobka krasok

መቀስ
nožnicy

ማጣበቂያ
klej

መልመጃ ደብተር
tetrad'

የቤት ስራ
domašnââ rabota

ቁጥር
cyfra

መደመር
pribavlât'

መቀነስ
vyčitat'

ማባዛት
umnožat'

ቁጥሮችን ማስላት
sčitat'

ደብዳቤ
bukva

ፊደላት
alfavit

ቃል
slovo

ትምህርት ቤት - škola

ፅሑፍ

tekst

ማንበብ

čitat'

ጠመኔ

mel

ትምህርት

urok

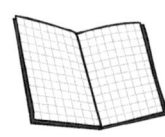

ምዝገባ

klassnyj žurnal

ፈተና

èkzamen

ሰርተፊኬት

diplom

የትምህርት ቤት የደንብ ልብስ

škol'naâ forma

ትምህርት

obrazovanie

አዉደ ጥበብ

èncyklopediâ

ዩኒቨርስቲ

universitet

የምርምር አጉሊ መሳርያ

mikroskop

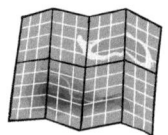

ካርታ

karta

የቆሻሻ ወረቀት መጣያ ቅርጫት

korzina dlâ bumag

ጉዞ
putešestvie

ሆቴል
gostinica

ማረፊያ ቤት
turbaza

የዉጭ ገንዘብ ምንዛሪ ቢሮ
punkt obmena valûty

ልብስ መያዣ ሻንጣ
čemodan

መኪና
avtomobil'

ቋንቋ
âzyk

አዎ/ አይደለም
da / net

እሺ
horošo

ሰላም
Privet

አስተርጓሚ
perevodčik

አመሰግናለሁ
Spasibo

ጉዞ - putešestvie

ስንት ነዉ.......?
Skol'ko stoit…?

አልገባኝም
Â ne ponimaû

እክል
problema

እንደምን አመሹ!
Dobryj večer!

እንደምን አደሩ!
Dobroe utro!

መልካም ምሽት!
Dobroj noči!

ደህና ይሰንብቱ
Do svidaniâ

አቅጣጫ
napravlenie

ሻንጣ
bagaž

ቦርሳ
sumka

የጀርባ ቦርሳ
rûkzak

እንግዳ
gost'

ክፍል
komnata

የመተኛ ቦርሳ
spal'nyj mešok

ድንኳን
palatka

ጉዞ - putešestvie

የጎብኚዎች መረጃ

turističeskaâ informacyâ

የባህር ዳርቻ

plâž

ክሬዲት ካርድ

kreditnaâ kartočka

ቁርስ

zavtrak

ምሳ

obed

እራት

užyn

ቲኬት

bilet

አሳንሰር

lift

ማህተም

počtovaâ marka

ድንበር

granica

ባህሎች

tamožnâ

ኤምባሲ

posol'stvo

ቪዛ/የይለፍ ወረቀት

viza

ፓስፖርት

pasport

መጓጓዣ
transport

አዉሮፕላን samolët
መርከብ korabl'
የእሳት አደጋ መኪና požarnyj avtomobil'
አዉቶብስ avtobus
የጭነት መኪና gruzovik
የሞተር ጀልባ motornaâ lodka
መኪና avtomobil'
ብስክሌት velosiped

የማመላለሻ ጀልባ

parom

ጀልባ

lodka

የሞተር ብስክሌት

motocykl

የፖሊስ መኪና

policejskij avtomobil'

የዉድድር መኪና

gonočnyj avtomobil'

የኪራይ መኪና

arendovannyj avtomobil'

የመኪና መጋራት

sovmestnoe pol'zovanie avtomobilâmi

ጎታች መኪና

buksirovočnyj avtomobil'

የቆሻሻ ጭነት መኪና

musorovoz

ሞተር

dvigatel'

ነዳጅ

toplivo

የቤንዚን ማደያ

zapravka

የመንገድ ምልክት

dorožnyj znak

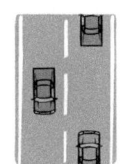

የመኪኖች እንቅስቃሴ

dviženie

የመኪና መጨናነቅ

probka

የመኪና ማቆሚያ

avtostoânka

የባቡር ጣቢያ

vokzal

የባቡር ሀዲዶች

rel'sy

ባቡር

poezd

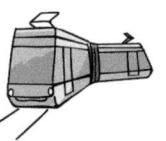

የኤሌክትሪክ ባቡር

tramvaj

ሰረገላ

vagon

ሄሊኮፕተር
vertolët

አየር ማረፊያ
aèroport

ማማ
vyška

መንገደኛ
passažyr

ማስቀመጫ፤ ማጠራቀሚያ
kontejner

ካርቶን እቃ ማሸጊያ
korobka

ጋሪ፤ ተሳቢ
teležka

ቅርጫት
korzina

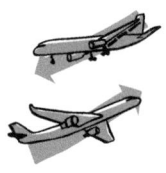
መነሳት/ ማረፍ
vzletat' / prizemlât'sâ

ከተማ
gorod

መንደር
derevnâ

የከተማ ማዕከል
centr goroda

ቤት
dom

ሲኒማ
kinoteatr

ማስታወቂያ
reklama

የመንገድ ር መብራት
uličnyj fonar'

መንገድ
ulica

ታክሲ
taksi

የቁርስ መቆያ ሱቅ
kiosk

እግረኛ
pešehod

ድንጋይ የተነጠፈበት የእግረኛ መንገድ
trotuar

የእግረኛ መሻገሪያ
pešehodnyj perehod

የቆሻሻ ማጠራቀሚያ
musornoe vedro

ማቋረጫ
perekrëstok

የትራፊክ መብራቶች
svetofor

ጎጆ
hižyna

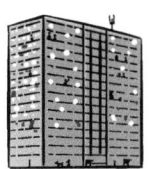

አፓርታማ
kvartira

የባቡር ጣቢያ
vokzal

የከተማ አ ራሽ
ratuša

ቤተ መዘክር
muzej

ትምህርት ቤት
škola

ከተማ - gorod

ዩኒቨርስቲ

universitet

ባንክ

bank

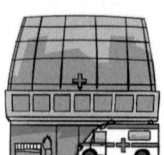

ሆስፒታል

bol'nica

ሆቴል

gostinica

መድሐኒት ቤት

apteka

ቢሮ

ofis

መፅሐፍ መሸጫ

knižnyj magazin

ሱቅ

magazin

የአበባ መሸጫ

cvetočnyj magazin

የሸቀጣ ሸቀጥ መደብር

supermarket

ገበያ ስፍራ

rynok

መደብር

univermag

የዓሳ ነጋዴ

torgovec ryboj

የገበያ ማዕከል

torgovyj centr

ወደብ

port

መናፈሻ ቦታ

....

park

አግዳሚ ወንበር

....

skamejka

ድልድይ

....

most

ደረጃዎች

....

lestnica

ዉስጥ ለዉስጥ

....

metro

ዋሻ

....

tonnel'

የአዉቶቡስ ፌርማታ

....

avtobusnaâ ostanovka

ባር

....

bar

ምግብ ቤት

....

restoran

የፖስታ ሳጥን

....

počtovyj âŝik

የመንገድ ምልክት

....

tablička s nazvaniem ulicy

የመኪና ማቆሚያ ሒሳብ የሚያሰላ

....ማሽን....

parkometr

የደር እንስሳት ማቆያ

....

zoopark

የመዋኛ ገንዳ

....

bassejn

መስጊድ

....

mečet'

እርሻ
ferma

የሚበክል ነገር
zagrâznenie okružaûŝej sredy

መቃብር ስፍራ
kladbiŝe

ቤተ ክርስቲያን
cerkov'

መጫወቻ ሜዳ
detskaâ ploŝadka

ቤተ መቅደስ
hram

መልከዓምድር
landšaft

ቅጠል — list

የመንገድ ላይ ምልክት — dorožnyj ukazatel'

መንገድ — doroga

አረንጓዴ መስክ — lug

በእግሩ የሚጓዝ — putešestvennik

ድንጋይ — kamen'

ዛፍ — derevo

ወንዝ — reka

ሳር — trava

አበባ — cvetok

ሸለቆ

....

dolina

ኮረብታ

....

gora

ሀይቅ

....

ozero

ጫካ

....

les

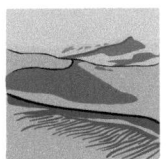

በረሃ

....

pustynâ

እሳተ ገሞራ

....

vulkan

ግምብ

....

zamok

ቀስተ ዳመና

....

raduga

እንጉዳይ

....

grib

የቴምብር ዛፍ/ ዘንባባ

....

pal'ma

ቢንቢ/ የወባ ትንኝ

....

komar

በራሪ

....

muha

ጉንዳን

....

muravej

ንብ

....

pčela

ሸረሪት

....

pauk

ጢንዚዛ

žuk

እንቁራሪት

lâguška

ሽኮኮ

belka

ጃርት

ež

ጥንቸል

zaâc

ጉጉት ወፍ

sova

ወፍ

ptica

የዉሃ ዳክዬ

lebed'

ከርከሮ

kaban

አጋዘን

olen'

አጋዘን

los'

ግድብ

plotina

በነፋስ የሚሽከረከር

vetrânoj generator

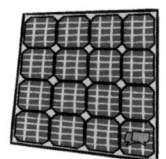

የፀሀይ ፓኔሎ

solnečnaâ batareâ

አየር ንብረት

klimat

ምግብ ቤት
restoran

አስተናጋጅ — oficyant
ማዉጫ — menû
ወንበር — stul
ሾርባ — sup
ፒዛ — picca
የጠረጴዛ ጨርቅ — skatert'
መከተፊያ — stolovye pribory

የምግብ ፍላጎትን የሚከፍት ...ምግብ...
zakuska

ዋና ምግብ
glavnoe blûdo

ማጣጣሚያ ተከታይ ምግብ
desert

መጠጦች
napitki

ምግብ
eda

ጠርሙስ
butylka

ምግብ ቤት - restoran

ፈጣን ምግብ

fastfud

የመንገድ ምግብ

uličnaâ eda

የሻይ ማንቆርቆሪያ

čajnik

የስኳር እቃ

saharnica

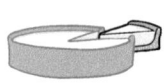

ድርሻ

porcyâ

የቡና ማፊያ ማሽን

kofevarka

ባለጌ ወንበር

detskij stul'čik

የክፍያ ደረሰኝ

sčet

ትሪ

podnos

ቢላዋ

nož

ሹካ

vilka

ማንኪያ

ložka

የሻይ ማንኪያ

čajnaâ ložka

ልብስ ምግብ እንዳይነካ የሚረዳ ጨርቅ

salfetka

ብርጭቆ

stakan

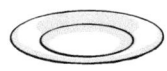

ዝርግ ሰሀን

tarelka

የሾርባ ጎድጓዳ ሰሀን

supovaâ tarelka

የስኒ ማስቀመጫ

blûdce

ማጣፈጫ ስጎ

sous

የጨዉ እቃ

solonka

የተፈጨ ቃሪያ

mel'nica dlâ perca

ኮምጣጤ

uksus

የምግብ ዘይት

maslo

ቀመማ ቅመሞች

specyi

የቲማቲም ድልህ

ketčup

ሰናፍጭ

gorčica

ማዮኒዝ

majonez

የሸቀጣ ሸቀጥ መደብር

supermarket

ልዩ አቅራቦት
specyal'noe predloženie
ደምበኛ
pokupatel'
የወተት ተዋፅዖ
moločnye produkty
ፍራፍሬ
frukty
ባለ ጎማ የእጅ ጋሪ
teležka dlâ pokupok

ሉካንዳ ነጋዴ

mâsnoj magazin

መጋገርያ

pekarnâ

ክብደት መመዘን

vzvešyvat'

ቅጠላ ቅጠል አትክልት

ovoŝi

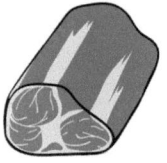

ስጋ

mâso

የቀዘቀዘ/የረጋ ምግብ

bystrozamorožennye produkty

ቀዝቃዛ ቁራጭ

narezka

የታሸገ ምግብ

konservy

የማጠቢያ ዱቄት

stiral'nyj porošok

ጣፋጮች

sladosti

የቤት ዉስጥ ዉጤቶች

predmet domašnego obihoda

የፅዳት ምርቶች

moûŝee sredstvo

የሽያጭ ባለሙያ

prodavŝica

የገንዘብ መመዝቢያ ማሽን

kassa

የሒሳብ ሰራተኛ

kassir

የግዢ ዝርዝር

spisok pokupok

ክፍት ሰዓታት

vremâ raboty

የኪስ ቦርሳ

bumažnik

ክሬዲት ካርድ

kreditnaâ kartočka

ቦርሳ

sumka

የፕላስቲክ ቦርሳ

poliètilenovyj paket

መጠጦች
napitki

ዉሃ	ጭማቂ	ወተት
voda	sok	moloko

ኮካ-ኮላ	ወይን	ቢራ
koka-kola	vino	pivo

አልኮል	ኮካ	ሻይ
alkogol'	kakao	čaj

ቡና	የተፈላ ቡና	ካፕቺኖ
kofe	èspresso	kapučino

ምግብ

eda

ሙዝ

banan

ፖም

âbloko

ብርቱካን

apel'sin

ሀብሀብ

arbuz

ሎሚ

limon

ካሮት

morkov'

ጭ ሽንኩርት

česnok

ሸምበቆ

bambuk

ቀይ ሽንኩርት

luk

እንጉዳይ

grib

ለዉዝ

orehi

የህፃናት ምግብ

lapša

ፓስታ

spagetti

ሩዝ

ris

ሰላጣ

salat

የድንች ጥብስ

kartofel' fri

ድንች ጥብስ

žarenyj kartofel'

ፒዛ

picca

ዳቦ ዉስጥ በስሱ ተጠብሶ የገባ ስጋ

gamburger

ሳንድዊች

sèndvič

ጥሬ ስጋ

šnicel'

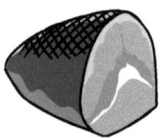

የአሳማ ስጋ

vetčina

በቅመምና በጨዉ የታሸ ምግብ ቀዝቅዞ የሚበላ ሾርባ ምግብ

salâmi

ቋሊማ

kolbasa

ዶሮ

kurica

ጥብስ

žarkoe

አሳ

ryba

የአጃ ገንፎ
ovsânye hlop'â

ከወተት ጋር ተደባልቀዉ የሚበሉ
ምግቦች
mûsli

የበቆሎ ቅርፊት
kukuruznye hlop'â

ዱቄት
muka

ኩራሳ
kruassan

ድብልብል ዳቦ
buločka

ዳቦ
hleb

መጥበስ
tost

ብስኩት
pečen'e

ቅቤ
maslo

እርጎ
tvorog

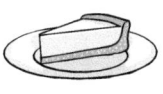

ኬክ
pirog

እንቁላል
âjco

እንቁላል ጥብስ
âičnica

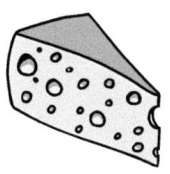

አይብ
syr

ምግብ - eda

የበረዶ ክሬም	ስኳር	ማር
moroženoe	sahar	mëd

ማርማላት	የተናጠ የወተት ክሬም	ማጣፈጫ
marmelad	krem s nugoj	karri

ምግብ - eda

እርሻ

ferma

የገበሬ ቤት
krest'ânskij dom

የእህልና የከብት ማቀመጫ ቤት
saraj

ፈረስ
lošad'

የጭድ ክምር
tûk iz solomy

ሜዳ
pole

ተሳቢ መኪና
pricep

የፈረስ ዉርንጭላ
žerebënok

የእርሻ መኪና
traktor

አህያ
osël

የበግ ጠቦት
âgnënok

በግ
ovca

ፍየል

koza

ላም

korova

ጥጃ

telënok

አሳማ

svin'â

ግልገል አሳማ

porosënok

ኮርማ

byk

ዝይ

....

gus'

ዳክዬ

....

utka

የዶሮ ጫጩት

....

cyplënok

ዶሮ

....

kurica

አዉራ ዶሮ

....

petuh

አይጥ

....

krysa

ደድመት

....

koška

አይጥ

....

myš'

በሬ

....

vol

ዉሻ

....

sobaka

የዉሻ ቤት

....

konura

የአትክልት ቦታ

....

sadovyj šlang

ዉሃ ማጠጫ ባልዲ

....

lejka

ረጅም ማጭድ

....

kosa

ማረሻ

....

plug

ማጭድ

....

serp

መኮትኮቻ

....

motyga

የእህል መንሽ

....

navoznye vily

መጥረቢያ

....

topor

ኩርኩር/ የእጅ ጋሪ

....

tačka

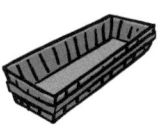

ገንዳ

....

koryto

የወተት ዕቃ

....

bidon dlâ moloka

ጆንያ ከረጢት

....

mešok

አጥር

....

zabor

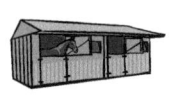

የፈረስ ጋጣ

....

hlev

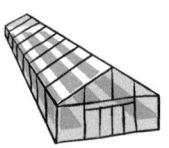

ዕፅዋት ማሳደጊያ የመስታዉት ቤት

....

teplica

አፈር

....

počva

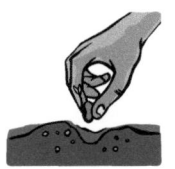

ዘር

....

posev

የመሬት ማዳበሪያ

....

udobrenie

ጥምር ማረሻ

....

kombajn

አዝመራ መሰብሰብ

sobirat' urožaj

አዝመራ

urožaj

ድንች

âms

ስንዴ

pšenica

ሶያ

soâ

ድንች

kartofel'

በቆሎ

kukuruza

የከብት መኖ

raps

የፍሬ ዛፍ

fruktovoe derevo

የካሳቫ ዛፍ

maniok

እህል

zlaki

ቤት
dom

የጪስ ማዉጫ
dymohod
ጣራ
kryša
አሸንዳ
vodostočnyj želob
መስኮት
okno
ጋራዥ
garaž
የበር ደወል
zvonok
በር
dver'
የቆሻሻ ማጠራቀሚያ
musornoe vedro
ፖስታ ሳጥን
počtovyj âŝik
የአትክልት ቦታ
sad

ሳሎን

gostinaâ

መታጠቢያ ቤት

vannaâ komnata

ማድቤት

kuhnâ

መኝታ ቤት

spal'nâ

የልጅ ክፍል

detskaâ komnata

መመገቢያ ክፍል

stolovaâ

ቤት - dom 31

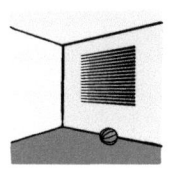 ወለል / pol	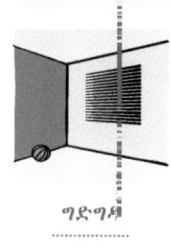 ግድግዳ / stena	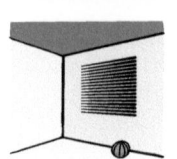 ጣሪያ / potolok
 ምድር ቤት / podval	 በእንፋሎት ሙቀት መታጠቢያ ቤት / sauna	 ሰገነት / balkon
 ከፍ ያለ መደብ / terrasa	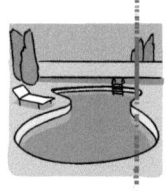 የመዋኛ ገንዳ / bassejn	 የማጨጃ መኪና / gazonokosilka
 አንሶላ / pododeâl'nik	 የአልጋ ልብስ / pokryvalo	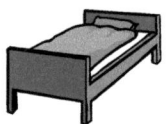 አልጋ / krovat'
 መጥረጊያ / metla	 ባልዲ / vedro	 ማብሪያና ማጥፊያ / vyklûčatel'

ቤት - dom

ሳሎን
gostinaâ

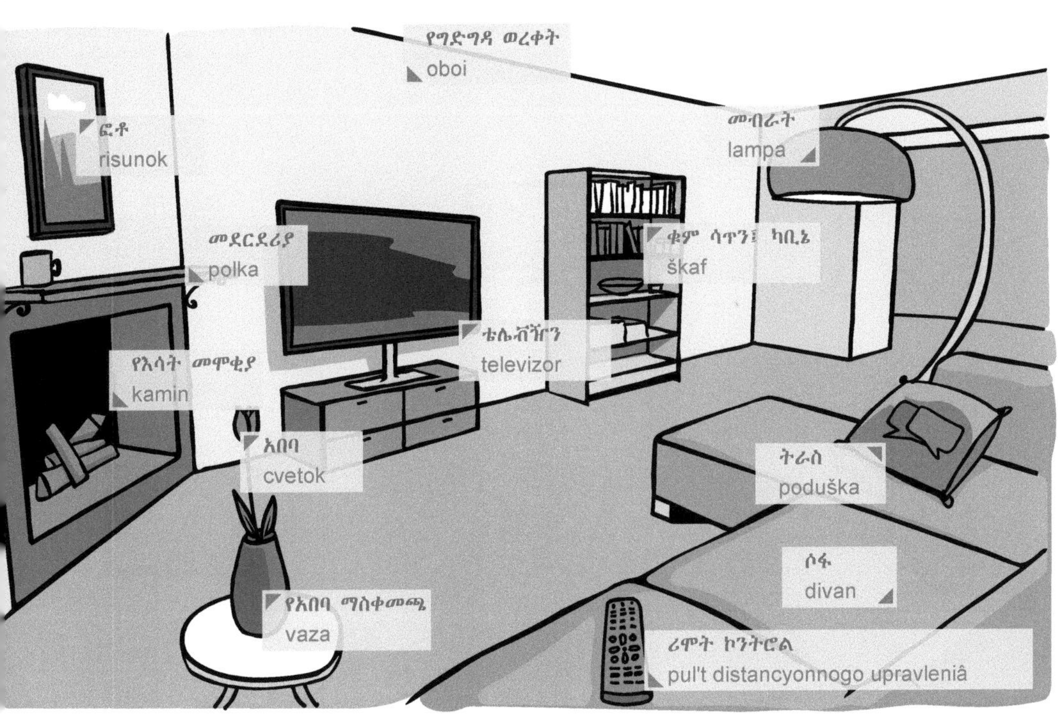

- የግድግዳ ወረቀት — oboi
- ፎቶ — risunok
- መብራት — lampa
- መደርደሪያ — polka
- ቁም ሳጥን፣ ካቢኔ — škaf
- የእሳት መሞቂያ — kamin
- ቴሌቪዥን — televizor
- አበባ — cvetok
- ትራስ — poduška
- ሶፋ — divan
- የአበባ ማስቀመጫ — vaza
- ሪሞት ኮንትሮል — pul't distancyonnogo upravleniâ

ንጣፍ
kovër

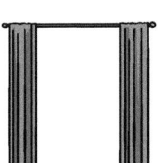

መጋረጃ
štora

ጠረጴዛ
stol

ወንበር
stul

ተወዛዋዥ ወንበር
kreslo-kačalka

ባለመደገፊያ ወንበር
kreslo

ሳሎን - gostinaâ

መጽሐፍ

kniga

ብርድ ልብስ

pokryvalo

ጌጥ

ukrašenie

ማገዶ

drova

ፊልም

fil'm

ሙዚቃ መማጫወቻ

stereosistema

ቁልፍ

klûč

ጋዜጣ

gazeta

ስዕል

kartina

ተለጠፈ ማስታወቂያ እንደ ስዕል

plakat

ራዲዮ

radio

ማስታወሻ ደብተር

bloknot

አ ር ማፅጃ ለምንጣፍ

pylesos

ቁልቋል

kaktus

ሻማ

sveča

ማድቤት
kuhnâ

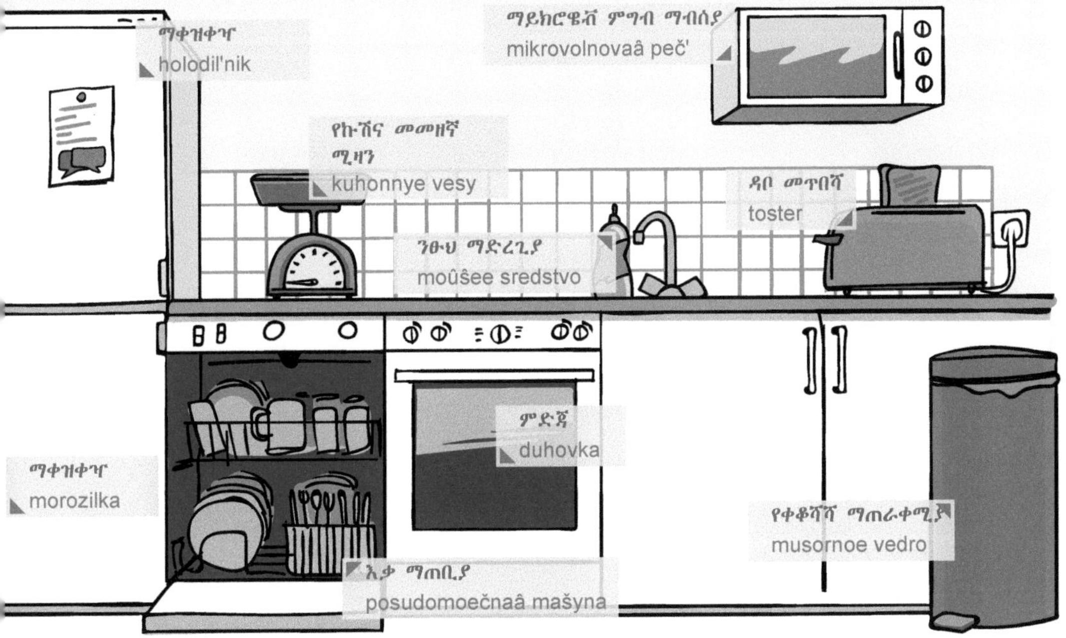

ማቀዝቀዣ
holodil'nik

ማይክሮዌቭ ምግብ ማብሰያ
mikrovolnovaâ peč'

የኩሽና መመዘኛ ሚዛን
kuhonnye vesy

ዳቦ መጥበሻ
toster

ንፁህ ማድረጊያ
moûŝee sredstvo

ምድጃ
duhovka

ማቀዝቀዣ
morozilka

የቆሻሻ ማጠራቀሚያ
musornoe vedro

እቃ ማጠቢያ
posudomoečnaâ mašyna

ምግብ አብሳይ
plita

ማሰሮ
kastrûlâ

የብረት ማሰሮ
čugunnyj kotelok

ምግብ ማብሰያ ዝርግ ድስት
vok / kadaj

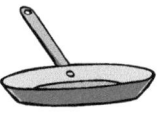

የምግብ መጥበሻ
skovoroda

ማንቆርቆሪያ
čajnik

ማድቤት - kuhnâ

የእንፋሎት ማብሰያ

parovarka

የመጋገሪያ ትሪ

protiven'

ሰብስቦች

posuda

ትልቅ ኩባያ

kružka

ጎድጓዳ ሳህን

miska

ቾፕስቲክስ

paločki dlâ edy

ጭልፋ

polovnik

መሰቅሰቂያ ዘርግ ማንኪያ

lopatka

ማደባለቂያ

sbivalka

መወጠሪያ

sito

ወንፊት

sito

መፈርፈሪያ መሳሪያ

tërka

ሲሚንቶ

stupka

የፍም ጥብስ

gril'

የተለቀቀ እሳት

kostër

መክተፊያ

doska

ተንሸራታች መርፌ

skalka

የጠርሙስ መክፈቻ

štopor

ጣሳ

žestânaâ banka

የጣሳ መክፈቻ

konservnyj nož

የማሰሮ መሸፈኛ

prihvatka

ሳህን ማጠቢያ

rakovina

ብሩሽ

šetka

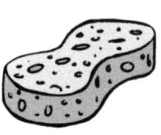

ስፖንጅ

gubka

መደባለቂያ መሳሪያ

mikser

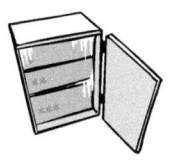

በጣም ማቀዝቀዣ

morozil'naâ kamera

ጡጦ

butyločka dlâ kormleniâ

ቧንቧ

kran

መታጠቢያ ቤት

vannaâ komnata

ማሞቂያ
otoplenie
ፎጣ
polotence
መታጠቢያ
duš
የመታጠቢያ ቤት መጋረጃ
duševaâ zanaveska
የአረፋ መታጠቢያ
penistaâ vanna
የመታጠቢያ ገንዳ
vanna
ብርጭቆ
stakan
የልብስ ማጠቢያ
stiral'naâ mašyna
ቧንቧ
kran
ማዕዘን ወለል
plitka
ፖፖ
goršok
ሳህን ማጠቢያ
rakovina

ሽንት ቤት

tualet

የሽንት ቤት መቀመጫ

napol'nyj unitaz

ሳፋ

bide

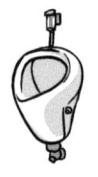

የመንገድ ዳር መሽኛ

pissuar

የሽንት ቤት ወረቀት

tualetnaâ bumaga

የሽንት ቤት ማፅጃ ብሩሽ

eršyk

38 መታጠቢያ ቤት - vannaâ komnata

የጥርስ ብሩሽ

....

zubnaâ ŝetka

የጥርስ ሳሙና

....

zubnaâ pasta

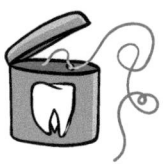

የጥርስ ማፅጃ ክር

....

zubnaâ nit'

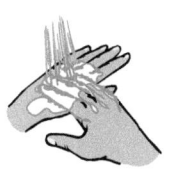

መታጠብ

....

myt'

የእጅ መታጠቢያ

....

ručnoj duš

መታጠቢያ

....

intimnyj duš

ጎድጓዳ ሳህን

....

taz

የጀርባ ብሩሽ

....

ŝetka dlâ spiny

ሳሙና

....

mylo

መታጠቢያ የሚዝለገለግ ሳሙና

....

gel' dlâ duša

የፀጉር መታጠቢያ ሳሙና

....

šampun'

ለስላሳ ጨርቅ

....

močalka

ፍሳሽ

....

stok

ክሬም

....

krem

ጠረን መቀየሪያ ንጥረ ነገር

....

dezodorant

መስታወት

zerkalo

የእጅ መስታወት

ručnoe zerkalo

ምላጭ

britva

የመላጫ አረፋ

pena dlâ brit'â

ከመላጨት በኋላ የሚቀባ ሽቱ

los'on posle brit'â

ማበጠሪያ

rasčeska

ብሩሽ

ŝetka

የፀጉር ማድረቂያ

fen

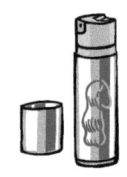

በፀጉር ላይ የሚነፋ

lak dlâ volos

የፊት መቀባቢያ

kosmetika

የከንፈር ቀለም

gubnaâ pomada

የጥፍር ቀለም

lak dlâ nogtej

የጥጥ ሱፍ

vata

ጥፍር መቁረጫ

manikûrnye nožnicy

ሽቶ

duhi

ማጠቢያ ባልዲ
kosmetička

መቀመጫ
taburetka

ሚዛን
vesy

የመታጠቢያ ልብስ
halat

የላስቲክ ጓንት
rezinovye perčatki

ሞዴስ
tampon

የፅዳት ፎጣ
gigieničeskaâ prokladka

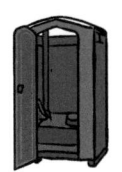
የሽንት ቤት ኬሚካል
biotualet

መታጠቢያ ቤት - vannaâ komnata

የልጅ ክፍል
detskaâ komnata

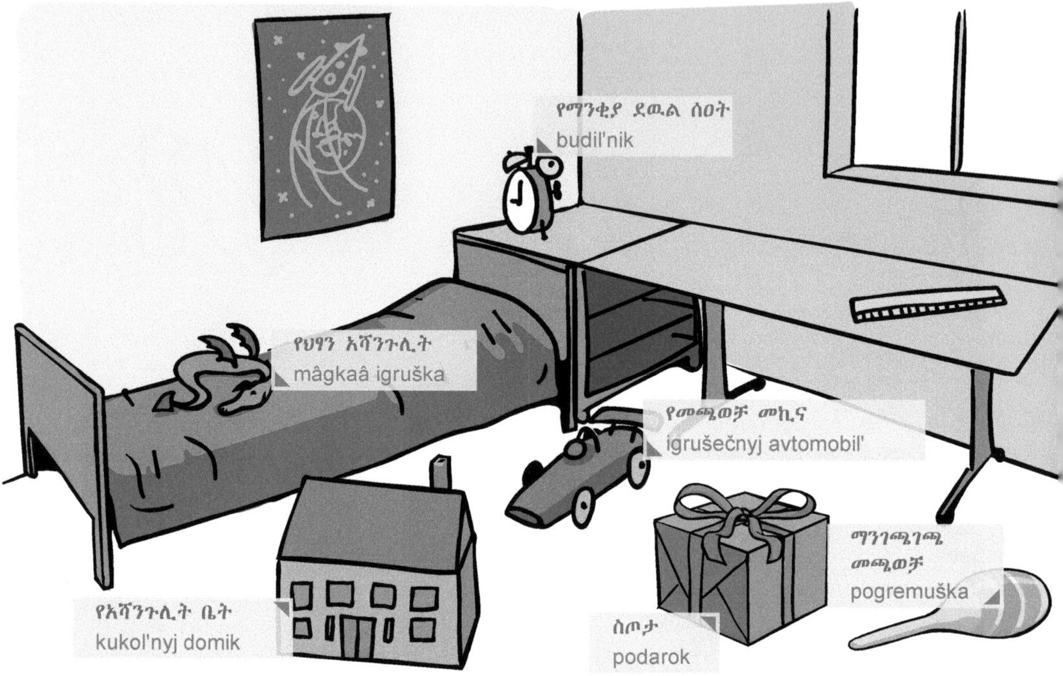

የማንቂያ ደወል ሰዓት
budil'nik

የህፃን አሻንጉሊት
mâgkaâ igruška

የመጫወቻ መኪና
igrušečnyj avtomobil'

ማንጫገጬ መጫወቻ
pogremuška

የአሻንጉሊት ቤት
kukol'nyj domik

ስጦታ
podarok

ፊኛ
vozdušnyj šar

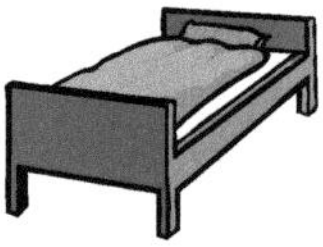

አልጋ
krovat'

የህፃን ማንሸራሸሪያ ጋሪ
detskaâ kolâska

የካርታ መጫወቻ
kartočnaâ igra

ቁርጥራጭ ምስሎችን የማገጣጠም
እና ምስል የማግኘት ጨዋታ
pazl

አዝናኝ
komiks

ተገጣጣሚ መጫወቻ
kirpičiki Lego

የመጫወቻ መገጣጠሚያዎች
kubiki

የድርጊት ምስል
igrušečnaâ figurka

የህፃን እድገት
polzunki

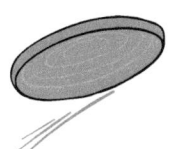

የፕላስቲክ መጫወቻ ዝርግ ሰሀን
frisbi

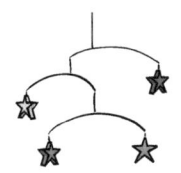

ተወዛዋዥ የህፃን ማጫወቻ
mobile

የሰሌዳ ጨዋታ
nastol'naâ igra

የመጫወቻ ጠጠር
kubik

የመጫወቻ ባቡር
model' železnoj dorogi

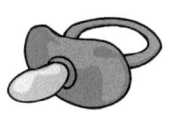

የእንጀራ እናት ጡጦ
soska

ድግስ
večerinka

የስዕል መፅሀፍ
kniga s kartinkami

ኳስ
mâč

አሻንጉሊት
kukla

መጫወት
igrat'

የልጅ ክፍል - detskaâ komnata

የአሸዋ መጫወቻ
....
pesočnica

ዥዋዥዌ
....
kačeli

መጫወቻዎች
....
igruška

የቪዲዮ መጫወቻ
....
igrovaâ pristavka

ባለ ሶስት ጎማ ብስክሌት
....
trëhkolesnyj velosiped

የአሻንጉሊት ድብ
....
plûševyj medvežonok

ቁምሳጥን
....
škaf dlâ odeždy

አልባሳት

odežda

ካልሲዎች
....
noski

ስቶኪንጎች
....
čulki

ታይት
....
kolgotki

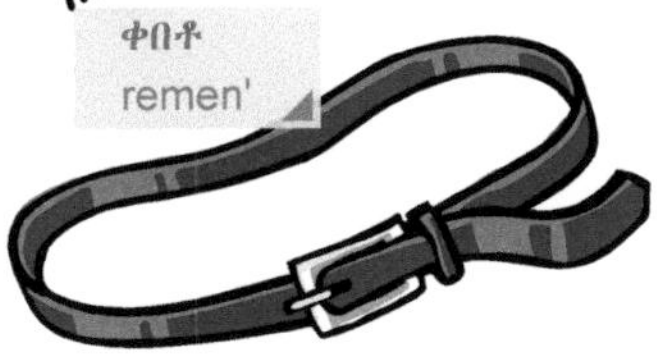

የአንገት ልብስ
šarf

ዣንጥላ
zontik

ቀበቶ
remen'

ክናቴራ
futbolka

ቡቲ
sapogi

የቤት ዉስጥ ነጠላ ጫማ
tapki

ስኒከሮች
krossovki

ነጠላ ጫማዎች
....
sandalii

ጫማዎች
....
botinki

የዝናብ ቡትስ
....
rezinovye sapogi

ሙታንታ
....
trusy

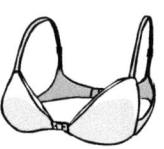

ጡት መያዣ
....
bûstgal'ter

ሰደርያ
....
majka

አልባሳት - odežda

ሰዉነት

bodi

ሱሪዎች

brûki

ጅንስ

džynsy

ጉርድ ቀሚስ

ûbka

ሸሚዝ

bluzka

ሸሚዝ

rubaška

የሚጠለቅ ሹራብ

sviter

ሹራብ

sviter

ዩኒፎርም ጃኬት

sportivnaâ kurtka

ጃኬት

žaket

ኮት

pal'to

የዝናብ ኮት

plaŝ

ልብስ

kostûm

ቀሚስ

plat'e

የሙሽራ ቀሚስ

svadebnoe plat'e

ሱፍ

mužskoj kostûm

የለሊት ልብስ

nočnaâ soročka

የለሊት ልብስ

pižama

ረጅም ቀሚስ

sari

ሂጃብ

platok

ጥምጣም

tûrban

ቡርቃ

parandža

ሽርጥ

kaftan

አባያ

abajâ

የዋና ልብስ

kupal'nik

አጭር ቁምጣ

plavki

ቁምጣዎች

šorty

የስራ ቱታ

sportivnyj kostûm

ሽርጥ

fartuk

ጓንት

perčatki

ቁልፍ

pugovica

መነፅር

očki

አምባር

braslet

የአንገት ሀብል

cepočka

ቀለበት

kol'co

የጆሮ ጌጥ

ser'ga

ኮፍያ

šapka

የኮት መስቀያ

vešalka

ኮፍያ

šlâpa

ክረቫት

galstuk

ዚፕ

zastežka molniâ

የብረት ቆብ

šlem

መደገፊያ

podtâžki

የትምህርት ቤት የደንብ ልብስ

škol'naâ forma

የደንብ ልብስ

forma

መሃረብ
detskij nagrudnik

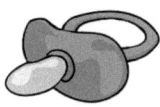

የእንጀራ እናት ጡጦ
soska

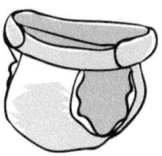

ሽንት ጨርቅ
podguznik

ቢሮ
ofis

ማሰራጫ ጣቢያ
server

የፋይል መደርደሪያ ካቢኔ
kancelârskij škaf

የህትመት መሳሪያ
printer

መቆጣጠሪያ
monitor

ወረቀት
bumaga

መፃፊያ ጠረጴዛ
pis'mennyj stol

ማዌዝ
myš'

ማህደር
papka

የመፃፊ ቁልፎች
klaviatura

የቆሻሻ ወረቀት መጣያ ቅርጫት
korzina dlâ bumag

ኮምፒዉተር
komp'ûter

ወንበር
stul

የቡና መጠጫ ትልቅ ኩባያ
kofejnaâ kružka

ማስልያ ማሽን
kal'kulâtor

ኢንተርኔት
internet

ቢሮ - ofis

ላፕቶፕ

noutbuk

ደብዳቤ

pis'mo

መልዕክት

soobŝenie

ተንቀሳቃሽ ስልክ

mobil'nyj telefon

የግንኙነት አዉታር

set'

ማባዣ ማሽን

kseroks

ሶፍትዌር

programma

ስልክ

telefon

የግድግዳ ሶኬት

rozetka

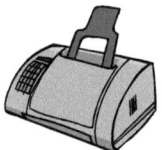

የፋክስ ማሽን

faks

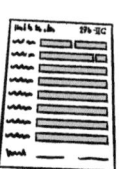

ቅፅ

formulâr

ሰነድ

dokument

ኢኮኖሚ

èkonomika

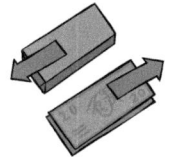

መግዛት

pokupat'

መክፈል

platit'

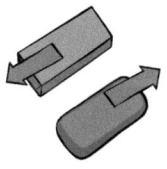

መነገድ

torgovat'

ገንዘብ

den'gi

ዶላር

dollar

ዩሮ

evro

የን

iena

ሩብል

rubl'

የስዊዝ ፍራንክ

frank

ሬንሚንቢ ዩዋን

žèn'min'bi ûan'

ሩጲ

rupiâ

የገንዘብ ነጥብ

bankomat

ኢኮኖሚ - èkonomika 51

የዉጭ ገንዘብ ምንዛሪ ቢሮ

punkt obmena valûty

ወርቅ

zoloto

ብር

serebro

ዘይት

neft'

ሀይል፤ ጉልበት

ènergiâ

ዋጋ

cena

ግንኙነት

dogovor

ቀረጥ

nalog

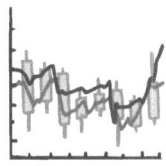

አክስዮን

akcyâ

መስራት

rabotat'

ተቀጣሪ

služaŝij

ቀጣሪ

rabotodatel'

ፋብሪካ

fabrika

ሱቅ

magazin

የስራ ሙያዎች

professii

የፖሊስ አዛዥ
milicyoner
የእሳት አደጋ ሰራተኛ
požarnyj
ምግብ አብሳይ
povar
ዶክተር
vrač
አብራሪ
pilot

አትክልተኛ

sadovnik

አናጢ

stolâr

ልብስ ሰፊ ሴት

šveâ

ኛ

sud'â

ቀማሚ

himik

ተዋናይ

aktër

የአዉቶቢስ ሹፌር

....

voditel' avtobusa

የታክሲ ሹፌር

....

taksist

አሳ አጥማጅ

....

rybak

ፅዳት ሰራተኛ

....

uborŝica

የጣራ ሰራተኛ

....

krovel'ŝik

አስተናጋጅ

....

oficyant

አዳኝ

....

ohotnik

ሰዓሊ

....

hudožnik

ጋጋሪ

....

pekar'

የኤሌትሪክ ሰራተኛ

....

èlektrik

ገምቢ

....

stroitel'

መሃሃዲስ

....

inžener

ልኳንዳ

....

mâsnik

የቧንቧ ሰራተኛ

....

santehnik

የፖስታ ሰራተኛ

....

počtal'on

ወታደር
soldat

መሃንዲስ
arhitektor

የሒሳብ ሰራተኛ
kassir

አበባ ሻጭ
florist

የፀጉር ሰራተኛ
parikmaher

ቲኬት ቆራጭ
konduktor

መካኒክ
mehanik

ካፒቴን
kapitan

የጥርስ ሐኪም
zubnoj vrač

ተመራማሪ
učenyj

መምህር
ravvin

የሙስሊም ሃይማኖታዊ መሪ
imam

መነኩሴ
monah

ካህን
svâŝennik

የስራ ሙያዎች - professii   55

መሳሪያዎች

instrumenty

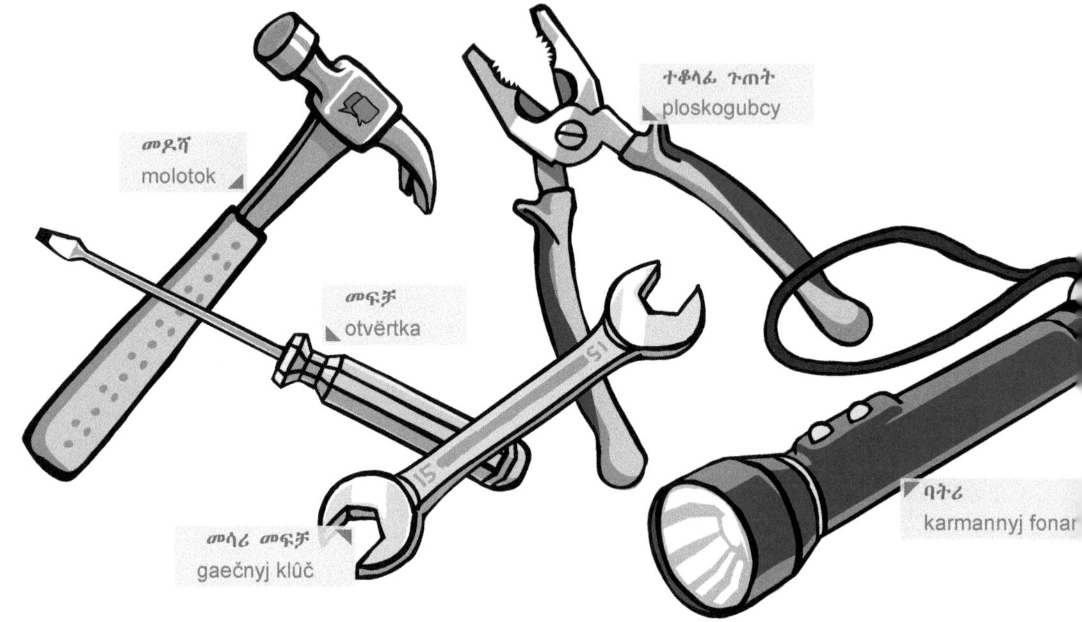

ተቆላፊ ጉጠት
ploskogubcy
መዶሻ
molotok
መፍቻ
otvërtka
ባትሪ
karmannyj fonar
መሳሪ መፍቻ
gaečnyj klûč

በቁፋሮ ሚዝቅ

èkskavator

መፍቻ ሳጥን

âŝik dlâ instrumentov

መሰላል

stremânka

መጋዝ

pila

ምስማር

gvozdi

መሰርሰሪ

drel'

መጠገን

remontirovat'

አካፋ

lopata

የተረገመ!

Blin!

ቆሻሻ ማፈሻ

sovok

የቀለም ቆርቆሮ

vedro s kraskoj

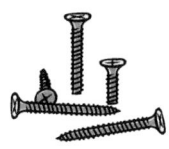

ብሎን

vinty

የሙዚቃ መሳሪያዎች

muzykal'nye instrumenty

የድምፅ ማጉያ መሳርያ
gromkogovoritel'
የከበሮ መሳሪያዎች
udarnyj instrument
ክራር መሰል የሙዚቃ መሳሪያ
gitara
የትንፋሽ ሙዚቃ መሳሪያ
truba
ድርብ ቤዝ ጊታር
kontrabas

የሙዚቃ መሳሪያዎች - muzykal'nye instrumenty 57

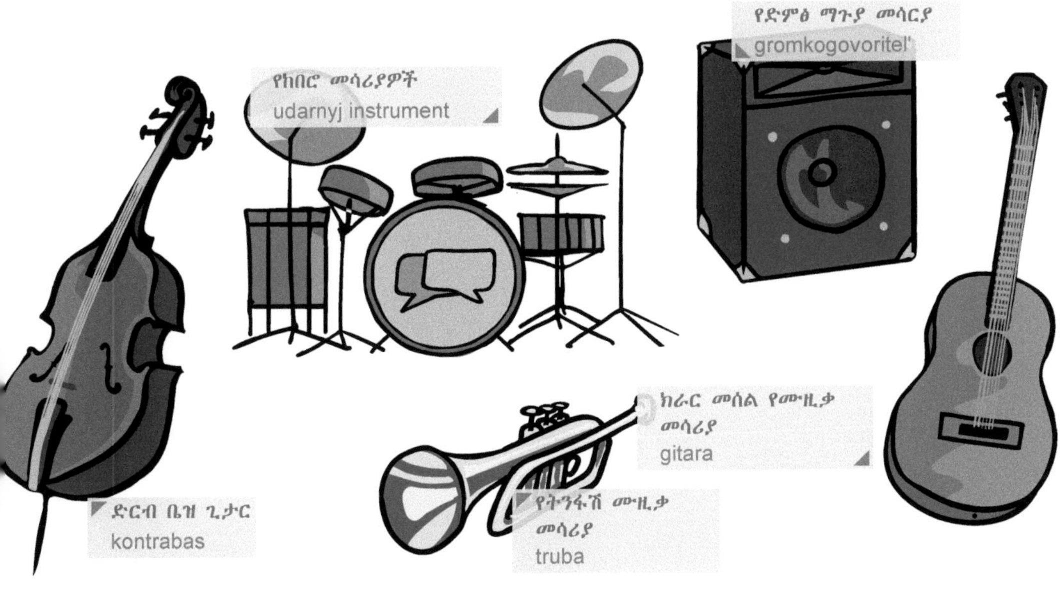

ያኖ
pianino

ቫዮሊን
skripka

ወፍራም፤ ጎርናና ድምፅ ያለዉ ክራር መሰል ሙዚቃ መሳሪያ
bas-gitara

ነጋሪት
litavry

ከበሮ
baraban

በኤሌክትሪክ የሚሰራ ኖ
sintezator

የትንፋሽ ሙዚቃ መሳሪያ
saksofon

ዋሽንት
flejta

የድምፅ ማጉያ
mikrofon

የሙዚቃ መሳሪያዎች - muzykal'nye instrumenty

የደር እንስሳት ማቆያ

zoopark

መግቢያ
vhod
ነብር
tigr
ሳጥን
kletka
የሜዳ አህያ
zebra
የእንስሳ ምግብ
korm
ትልቅ ድብ
panda

እንስሳቶች

žyvotnye

ዝሆን

slon

ካንጋሮ

kenguru

አዉራሪስ

nosorog

ትልቅ ዝንጀሮ

gorilla

ድብ

medved'

ግመል

verblûd

ሰጎን

straus

አንበሳ

lev

ጦጣ

obez'âna

ቅልጥመ ረዥም ወፍ

flamingo

በቀቀን

popugaj

የወዋልታ ድብ

belyj medved'

የዋልታ ወፎች

pingvin

ረጅም ጥርሶች ያሉትአሳ ነባሪ

akula

ጣዎስ

pavlin

እባብ

zmeâ

አዞ

krokodil

የዱር አራዊት የሚጠበቁበት
ማቆያን የሚጠብቅ

služytel' zooparka

አሳ በሊታ የባህር እንስሳ

tûlen'

የዱር ድመት

âguar

ድንክ ፈረስ

poni

ነብር

leopard

ጉማሬ

begemot

ቀጭኔ

žyraf

ንስር

orël

ከርከሮ

kaban

አሳ

ryba

የባህር ኤሊ

čerepaha

የባህር አዉሬ

morž

ቀበሮ

lisa

የሜዳ ፍየል፤ ሚዳቋ

gazel'

የስፖርት አይነቶች

sport

እግር ኳስ
....
futbol

የላበ ኳስ ጨዋታ
....
badminton

አትሌቲክስ
....
lëgkaâ atletika

የእጅ ኳስ ስፖርት
....
gandbol

የበረዶ መንሸራተት ስፖርት
....
lyžnyj sport

ረስ ግልቢያ
....
polo

መፃፍ
....
pisat'

መሳል
....
risovat'

ማሳየት
....
pokazyvat'

መግፋት
....
nažymat'

መስጠት
....
davat'

መዉሰድ
....
brat'

መያዝ

imet'

ማድረግ

delat'

መሆን

byt'

መቆም

stoât'

መሮጥ

bežat'

መሳብ

tânut'

መወርወር

brosat'

መዉደቅ

padat'

መዋሸት

ležat'

መጠበቅ

ždat'

መሸከም

nosit'

መቀመጥ

sidet'

መልበስ

nadevat'

መተኛት

spat'

መንቃት

prosypat'sâ

መመልከት

rassmatrivat'

ማለልቀስ

plakat'

መጫር

gladit'

ማበጠር

pričesyvat'

ማዉራት

govorit'

መረዳት

ponimat'

ጥያቄ

sprašyvat'

ማዳመጥ

slušat'

መጠጣት

pit'

መብላት

kušat'

ማንፃት

navodit' porâdok

ማፍቀር

lûbit'

ምግብ ማብሰል

gotovit'

መንዳት

ehat'

መብረር

letat'

መርከብ መንዳት

....

hodit' pod parusom

ቁጥሮችን ማስላት

....

sčitat'

ማንበብ

....

čitat'

መማር

....

učit'sâ

መስራት

....

rabotat'

ማግባት

....

vstupat' v brak

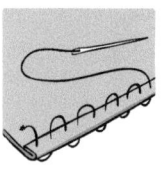

መስፋት

....

šyt'

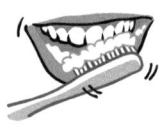

ጥርስ መቦረሽ

....

čistit' zuby

መግደል

....

ubivat'

ማጨስ

....

kurit'

መላክ

....

otpravlât'

ቤተሰብ
sem'â

- የሴት አያት — babuška
- የወንድ አያት — deduška
- አባት — papa
- እናት — mama
- ህፃን — mladenec
- ሴት ልጅ — doč'
- ወንድ ልጅ — syn

እንግዳ
gost'

አክስት
tetâ

አጎት
dâdâ

ወንድም
brat

እህት
sestra

አካል
telo

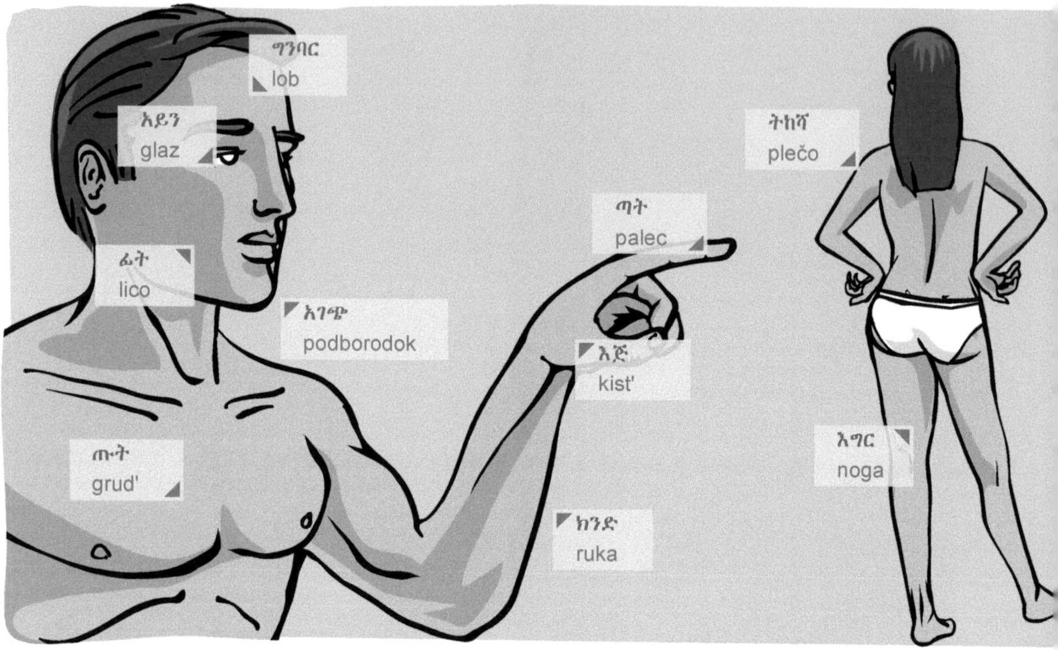

አካል ― ግንባር lob ― ዓይን glaz ― ፊት lico ― አገጭ podborodok ― ጡት grud' ― ትከሻ pleČo ― ጣት palec ― እጅ kisť ― እግር noga ― ክንድ ruka

ህፃን
mladenec

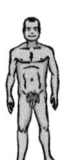

ሰው
mužčina

ሴት
ženšina

ልጃገረድ
devočka

ወንድ ልጅ
mal'čik

ራስ
golova

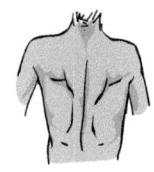

ጀርባ

spina

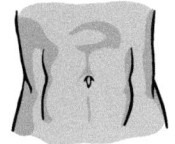

ሆድ

žyvot

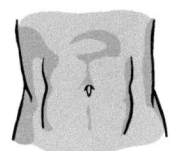

እምብርት

pupok

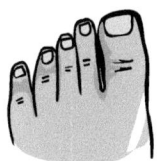

የእግር ጣት

palec nogi

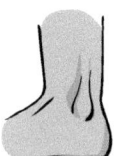

ተረከዝ

pâtka

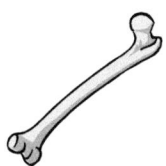

አጥንት

kost'

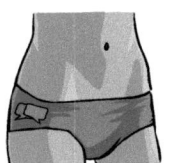

ዳሌ

bedro

ጉልበት

koleno

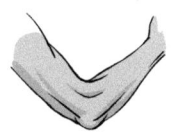

ክርን

lokot'

አፍንጫ

nos

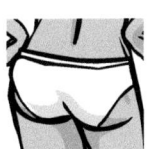

ቂጥ

âgodicy

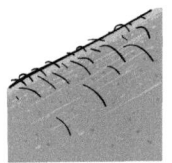

ቆዳ

koža

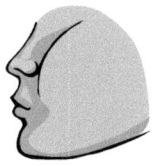

ጉንጭ

šeka

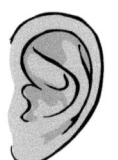

ጆሮ

uho

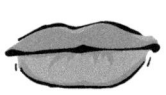

ከንፈር

guba

አፍ

rot

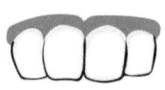

ጥርስ

zub

ምላስ

âzyk

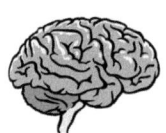

አንጎል

mozg

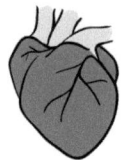

ልብ

serdce

ጡንቻ

myšca

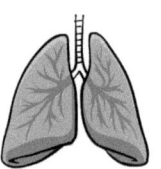

ሳምባ

lëgkoe

ጉበት

pečen'

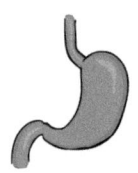

ሆድ

želudok

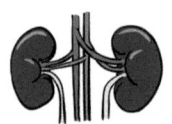

ኩላሊቶች

počki

የግብረስጋ ግንኙነት

polovoj akt

ኮንዶም

prezervativ

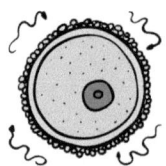

የሴት እንቁላል

âjcekletka

የዘር ፈሳሽ

sperma

እርግዝና

beremennost'

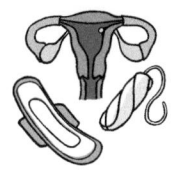  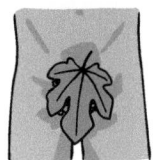

የወር አበባ	እምስ	ቁላ
menstruacyâ	vagina	penis

  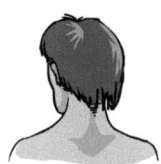

ቅንድብ	ፀጉር	አንገት
brov'	volosy	šeâ

አካል - telo

ሆስፒታል

bol'nica

ሆስፒታል
bol'nica
አምቡላንስ
mašyna skoroj pomoŝi
ተሽከርካሪ ወንበር
kreslo-katalka
ስብራት
perelom

ዶክተር

vrač

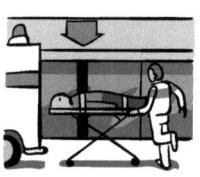

ድንገተኛ ክፍል

punkt pervoj pomoŝi

ነርስ

medsestra

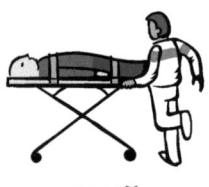

ድንገተኛ

neotložnyj slučaj

ራስን መሳት/ አለማወቅ

bez soznaniâ

ህመም

bol'

72 ሆስፒታል - bol'nica

ጉዳት
povreždenie

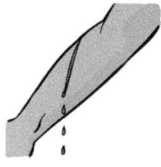
መድማት
krovotečenie

የልብ ድካም
infarkt

ስትሮክ
insul't

አለርጂ
allergiâ

ሳል
kašel'

ትኩሳት
povyšennaâ temperatura

ኢንፍሉዌንዛ
gripp

ተቅማጥ
ponos

የራስ ምታት
golovnaâ bol'

ካንሰር
rak

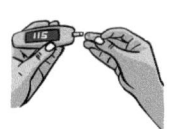
የስኳር በሽታ
diabet

ቀዶ ጠጋኝ ሐኪም
hirurg

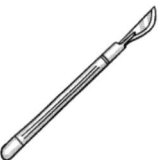
የቀዶ ጥገና ስለት
skal'pel'

ቀዶ ጥገና
operacyâ

ሆስፒታል - bol'nica

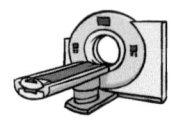

ሲቲ

KT

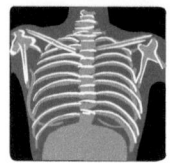

ኤክስሬዩ

rentgen

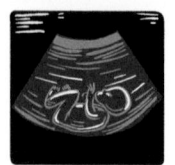

አልትራሳዉንድ

ul'trazvuk

የፊት ጭምብል

maska

በሽታ

bolezn'

መጠበቂያ ክፍል

priëmnaâ

ምርኩዝ

kostyl'

የቁስል ማሸጊያ

plastyr'

ፋሻ

bint

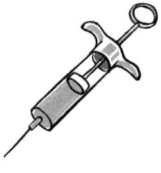

መርፌ

ukol

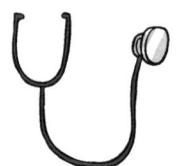

የልብ ምት ማዳመጫ መሳሪያ

stetoskop

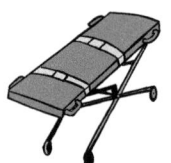

የበሽተኛ አልጋ

nosilki

የህክምና ሙቀት መለኪያ መሳሪያ

termometr

መውለድ

roždenie

ክልክ ያለፈ ክብደት

izbytočnyj ves

ለመስማት የሚረዳ መሳሪያ

....

sluhovoj apparat

ፀረ ተባይ መድሀኒት

....

dezinfekcyonnoe sredstvo

ማመርቀዝ

....

infekcyâ

ቫይረስ

....

virus

ኤች አይቪ ኤድስ

....

VIČ / SPID

ህክምና

....

lekarstvo

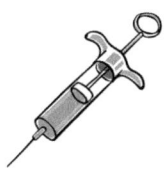

ክትባት

....

privivka

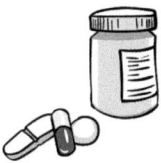

ኪኒን

....

tabletki

ኪኒን

....

protivozačatočnaâ tabletka

አስቸኳይ የስልክ ጥሪ

....

èkstrennyj vyzov

ደም ግፊት መቆጣጠሪያ

....

pribor dlâ izmereniâ
krovânogo davleniâ

ህመም/ ጤንነት

....

bol'noj / zdorovyj

ድንገተኛ
neotložnyj slučaj

እርዳታ!	ማንቂያ ደዉል	ጥቃት
Pomogite!	signal trevogi	napadenie

ድብደባ	አደጋ	የድንገተኛ መዉጫ
ataka	opasnosť	zapasnoj vyhod

እሳት!	እሳት ማጥፊያ	አደጋ
Požar!	ognetušyteľ	nesčastnyj slučaj
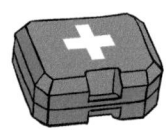		
የመጀመሪያ እርዳታ መድሃኒት መያዣ	ነፍስ አድን	ፖሊስ
aptečka	SOS	milicyâ

ምድር
zemlâ

አዉሮፓ
Evropa

ሰሜን አሜሪካ
Severnaâ Amerika

ደቡብ አሜሪካ
Ûžnaâ Amerika

አፍሪካ
Afrika

እስያ
Aziâ

አዉስትራሊያ
Avstraliâ

አትላንቲክ
Atlantičeskij okean

ፓስፊክ
Tihij okean

የህንድ ዉቅያኖስ
Indijskij okean

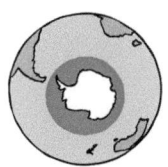

አንታርክቲክ ዉቅያኖስ
Antarktičeskij okean

አርክቲክ ዉቅያኖስ
Severnyj Ledovityj okean

ሰሜን ዋልታ
Severnyj polûs

ምድር - zemlâ

ደቡብ ዋልታ
Ûžnyj polûs

አንታርክቲካ
Antarktika

ምድር
zemlâ

መሬት
suša

ባህር
more

ደሴት
ostrov

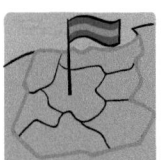

አገርና ህዝብ
nacyâ

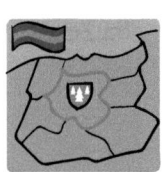

መንግስት
gosudarstvo

ሰዓት
časy

የሰዓት ገፅታ
cyferblat

ሰዓት
časovaâ strelka

ደቂቃ
minutnaâ strelka

ሴኮንድ
sekundnaâ strelka

ስንት ሰዓት ነው?
Kotoryj čas?

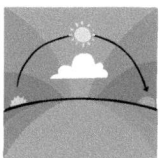

ቀን
den'

ጊዜ
vremâ

አሁን
sejčas

የቁጥር ሰዐት
èlektronnye časy

ደቂቃ
minuta

ሰዓታት
čas

ሰዓት - časy

ሳምንት

nedelâ

ትላንት

včera

ዛሬ

segodnâ

ነገ

zavtra

ማለዳ

utro

ቀትር

polden'

ምሽት

večer

የስራ ቀናት

rabočie dni

የዕረፍት ቀናት

vyhodnye

ዓመት
god

ዝናብ
dožd'
ቀስተ ዳመና
raduga
ጥጥ የሚመስል አመዳይ በረዶ
sneg
veter
ፀደይ
vesna
በጋ
leto
መኸር
osen'
ክረምት
zima

የአየር ሁኔታ ትንበያ
....
prognoz pogody

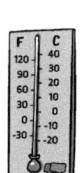

የሙቀት መለኪያ
....
termometr

የፀሀይ ሙቀት
....
solnečnyj svet

ደመና
....
tuča

ጭጋግ
....
tuman

እርጥበታማነት
....
vlažnost' vozduha

ዓመት - god 81

መብረቅ

molniâ

ነጎድጓድ

grom

አዉሎ ንፋስ

burâ

የበረዶ ዝናብ

grad

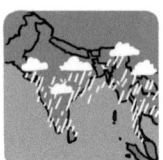

አዉሎ ንፋስ

musson

ጎርፍ

navodnenie

በረዶ

lëd

ጥር

ânvar'

የካቲት

fevral'

መጋቢት

mart

ሚያዚያ

aprel'

ግንቦት

maj

ሰኔ

iûn'

ሐምሌ

iûl'

ነሀሴ

avgust

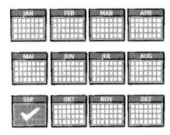

መስከረም

sentâbr'

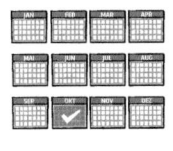

ጥቅምት

oktâbr'

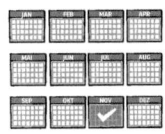

ህዳር

noâbr'

ታህሳስ

dekabr'

ቅርፆች

formy

ብ

krug

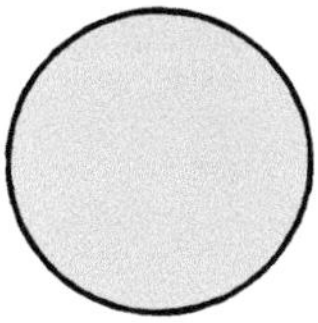

ሬት ማዕዘን

kvadrat

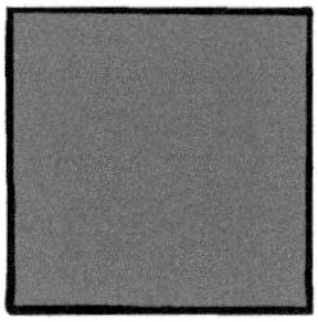

ሬት ጥተኛ ማዕዘኖች ጎኖች ያሉት ቅርፅ

prâmougol'nik

ሶስት ማዕዘን

treugol'nik

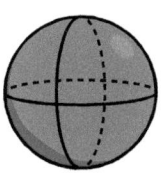

ሉል

šar

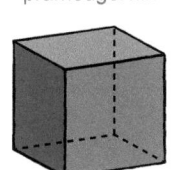

ስድስት ጎን ያለዉ ቅርፅ

kub

ቀለማት
cveta

ነጭ
belyj

ቢጫ
želtyj

ብርቱካናማ
oranževyj

ሮዝ
rozovyj

ቀይ
krasnyj

ወይን ጠጅ
lilovyj

ሰማያዊ
sinij

አረንጓዴ
zelënyj

ቡኒ
koričnevyj

ግራጫ
seryj

ጥቁር
černyj

ተቃራኒዎች
protivopoložnosti

ብዙ/ ጥቂት
mnogo / malo

ንዴት/ እርጋታ
ârostnyj / mirnyj

ቆንጆ/ አስቀያሚ
krasivyj / urodlivyj

ጅማሬ/ ፍፃሜ
načalo / konec

ትልቅ/ ትንሽ
bol'šoj / malen'kij

ደማቅ/ ደብዛዛ
svetlyj / temnyj

ወንድም/ እህት
brat / sestra

ንፁህ/ ቆሻሻ
čistyj / grâznyj

የተሟላ/ ያልተሟላ
polnyj / nepolnyj

ቀን/ ምሽት
den' / noč'

የሞተ/ ህያዉ
mërtvyj / žyvoj

ሰፊ/ ጠባብ
šyrokij / uzkij

የሚበላ/ የማይበላ

s"edobnyj / nes"edobnyj

ክፉ/ ደግ

zloj / druželûbnyj

ደስተኛ/ ድብርተኛ

vzvolnovannyj / skučaûŝij

ወፍራም/ ቀጭን

tolstyj / hudoj

መጀመርያ/ መጨረሻ

snačala / v konce

ጓደኛ/ ጠላት

drug / vrag

ሙሉ/ ጎዶሎ

polnyj / pustoj

ጠንካራ/ ለስላሳ

tvërdyj / mâgkij

ከባድ/ ቀላል

tâžëlyj / legkij

ረሃብ/ ጥማት

golod / žažda

ህመም/ ጤንነት

bol'noj / zdorovyj

ህገወጥ/ ህጋዊ

nezakonnyj / zakonnyj

ጎበዝ/ ደደብ

umnyj / glupyj

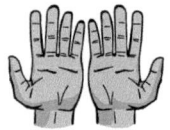

ግራ/ ቀኝ

sleva / sprava

ቅርብ/ ሩቅ

blizko / daleko

አዲስ/ አሮጌ
novyj / poderžannyj

ምንም/ የሆነ ነገር
ničto / nečto

ሽማግሌ/ ወጣት
staryj / molodoj

የበራ/ የጠፋ
vklûčeno / vyklûčeno

ክፍት/ ዝግ
otkryto / zakryto

ፀጥታ/ ጫጫታ
tiho / gromko

ሃብታም/ ደሃ
bogatyj / bednyj

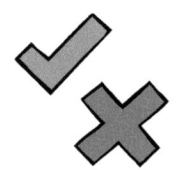

ትክክለኛ/ የተሳሳተ
pravil'nyj / nepravil'nyj

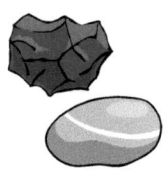

ሻካራ/ ለስላሳ
šerohovatyj / gladkij

ሐዘን/ ደስታ
pečal'nyj / sčastlivyj

አጭር/ ረዥም
korotkij / dlinnyj

ዝግተኛ/ ፈጣን
medlennyj / bystryj

እርጥብ/ ደረቅ
mokryj / suhoj

ሞቃት/ ቀዝቃዛ
tëplyj / prohladnyj

ጦርነት/ ሰላም
vojna / mir

ተቃራኒዎች - protivopoložnosti

ቁጥሮች

cyfry

0	1	2
ዜሮ	አንድ	ሁለት
nol'	odin	dva
3	4	5
ሶስት	አራት	አምስት
tri	četyre	pât'
6	7	8
ስድስት	ሰባት	ስምንት
šest'	sem'	vosem'
9	10	11
ዘጠኝ	አስር	አስራ አንድ
devât'	desât'	odinnadcat'

12

አስራ ሁለት
....
dvenadcat'

13

አስራ ስት
....
trinadcat'

14

አስራ አራት
....
četyrnadcat'

15

አስራ አ ስት
....
pâtnadcat'

16

አስራ ስድስት
....
šestnadcat'

17

አስራ ሰባት
....
semnadcat'

18

አስራ ሰስ ንት
....
vosemnadcat'

19

አስራ ዘጠኝ
....
devâtnadcat'

20

ሃያ
....
dvadcat'

100

መቶ
....
sto

1.000

ሽህ
....
tysâča

1.000.000

ሚሊዮን
....
million

ቋንቋዎች

âzyki

እንግሊዝኛ

anglijskij

የአሜሪካ እንግሊዝኛ

amerikanskij anglijskij

የቻይና ማንዳሪን

mandarinskij kitajskij

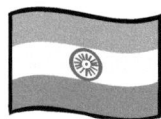

ሂንዱ

hindi

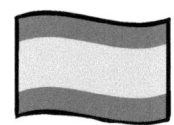

ስፓኒሽ

ispanskij

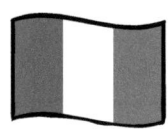

ፍሬንች

francuzskij

አረብኛ

arabskij

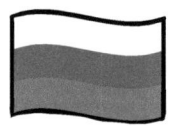

ራሺያኛ

russkij

ፖርቱጊዝ

portugal'skij

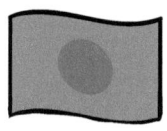

ቤንጋሊ

bengal'skij

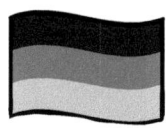

ጀርመን

nemeckij

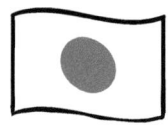

ጃፓንኛ

âponskij

ማን/ ምን/ እንዴት

kto / čto / kak

እኔ

â

አንተ

ty

እሱ/ እርሷ/ እቃዉ

on / ona / ono

እኛ

my

አንተ

vy

እነርሱ

oni

ማን?

kto?

ምን?

čto?

እንዴት?

kak?

የት?

gde?

መቼ?

kogda?

ስም

imâ

የት

gde

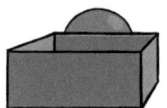

በስተጀርባ

za

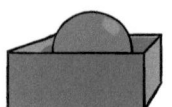

ዉስጥ

v

ከፊት ለፊት

pered

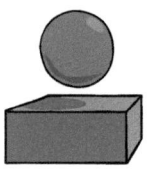

ከላይ

nad

ላይ

na

ከስር

pod

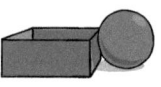

አጠገብ

râdom

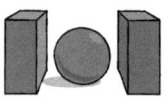

መሃከል

meždu

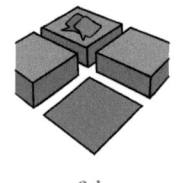

ቦታ

mesto